ARTISTES CÉLÈBRES

FORTUNY

PAR

CHARLES YRIARTE

Inspecteur des Beaux-Arts

PARIS

LIBRAIRIE DE L'ART

J. ROUAM, ÉDITEUR

29, CITÉ D'ANTIN; 29

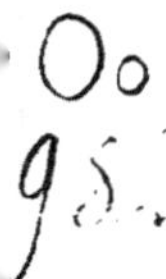

FORTUNY

— 1838-1874 —

Mariano Fortuny (José-Maria-Bernardo), né en Espagne, à Reus, ville de la province de Tarragone, le 11 juin 1838, est mort à Rome, le 21 novembre 1874, par conséquent dans la trente-sixième année de son âge. Si courte qu'ait été sa carrière, l'éclat en fut si vif, le succès si rapide, l'influence de son genre si évidente, que sa personnalité survit, et qu'on peut encore, après dix années, essayer de la restituer avec profit pour le lecteur et pour tous ceux qui ont souci du mouvement des idées modernes et de leur mode d'expression.

Fortuny était né pauvre; il suivit jusqu'à l'âge de onze ans les cours de l'école primaire de son village et l'enseignement du dessin élémentaire qu'on venait d'y inaugurer. Il dessinait d'instinct, et ses essais ayant frappé un amateur catalan, M. Domingo Soberano, celui-ci lui mit en main la palette et les pinceaux. L'enfant allait avoir douze ans quand il perdit son père et sa mère. Son aïeul, un menuisier assez ingénieux, mais d'un caractère aventureux, avait joint à son établi un cabinet de figures de cire, qu'il allait montrant de ville en ville dans la province de Tarragone; il prit avec lui l'orphelin et se chargea de son entretien. Au moment où Fortuny atteignait l'âge de quatorze ans, son grand-père résolut d'aller tenter la fortune à Barcelone; il partit avec lui, gagnant tous deux leur existence sur la route, et faisant à pied les cent kilomètres qui séparent Reus de la capitale de la Catalogne. Le vieillard montrait les figures de cire, Fortuny les peignait et les attifait.

Dès qu'il avait un instant, l'enfant crayonnait et reproduisait ce qu'il avait sous les yeux; il sculptait aussi le bois et modelait la cire. Un sculpteur catalan, nommé Talam, ayant vu ces essais, en parla à l'alcade, qui s'intéressa à cette vocation, et Fortuny reçut bientôt une

pension mensuelle de la ville, pension montant à 160 réaux, soit
42 francs. C'est ainsi qu'il put suivre pendant quatre années le cours de
l'*Academia de Bellas Artes*, sous la direction de Claudio Lorenzale,
peintre catalan d'un caractère ascétique, un Juan de Juanez à sa façon,
très estimé alors dans sa région, mais dont les œuvres sont fort oubliées
aujourd'hui.

La pension était faible ; l'enfant, qui grandissait, s'ingéniait à l'aug-
menter ; on connait, de ce temps-là, des essais de décoration religieuse
qu'il exécuta à la détrempe dans des églises de village, entre autres une
assez importante pour *San Augustin*. Il eut le bonheur de rencontrer
alors un Catalan très épris des choses de l'art, M. Buenaventura Palau, de
Barcelone, qui l'encouragea, et, finalement, excita la municipalité de la
ville à soutenir Fortuny, qui devait un jour faire honneur à sa province.

Le 6 mars 1857 (le peintre avait alors dix-neuf ans), il obtint au con-
cours la pension de Rome instituée par l'*ayuntamiento* de la ville de
Barcelone en faveur de celui des élèves natifs de la province qui a donné
la preuve de hautes dispositions pour la peinture. Plus tard, cette pension
se doubla d'une seconde, faite par la reine Isabelle sur sa cassette
particulière. Il quitta Barcelone le 14 mars de la même année.

C'était alors une tradition, plus qu'une institution, que cette pension
de Rome accordée par les municipalités des différentes villes de la
Péninsule ou par le souverain même, et dont l'initiative remontait à
Philippe IV et à Velazquez. Depuis lors, de tout temps, il a existé à Rome
une colonie castillane, recrutée, soit parmi les jeunes artistes de Madrid,
soit parmi ceux de la province. Ils vivaient là, groupés autour du plus
habile d'entre eux, et protégés par leur ambassade ; ceux de leurs compatriotes qui venaient en Italie, libres de toute attache officielle, se réunissaient à eux. Sous Charles III, la colonie se composait de Selma,
Enguidanos, Carmona, Villanueva, Antonio de Ribéra, d'un certain
Vélasquez, et du fougueux Goya, pensionné par la ville de Saragosse sur
la présentation de son célèbre compatriote le comte d'Aranda, qui fut
son protecteur. Jamais cette petite école n'avait eu plus d'éclat que
pendant les années où Fortuny, jeune, plein de vigueur, déjà en possession de la renommée, groupait autour de lui tout un cénacle que sa mort
subite devait disperser, mais qui allait se reformer, avec un appui officiel
cette fois, dans un local approprié, avec un budget fixe, comme une
institution définitive qui a déjà porté ses fruits et qui constitue, en

PORTRAIT DE MARIANO FORTUNY, PAR LUI-MÊME.

somme, une des gloires de l'Espagne moderne. Fortuny en fut, de son temps, le chef officieux; plus tard, M. Casado devint le chef officiel; aujourd'hui, c'est un artiste bien connu et très apprécié, M. Palmaroli, qui en est le directeur.

En ces années qui suivent son départ de l'Espagne, et qui se placent entre 1857 et le mois d'août 1859, les travaux de Fortuny se résument en études et copies exécutées pour son instruction personnelle, et en reproductions de diverses œuvres des maîtres auxquelles il était astreint par les règlements qui régissent l'institution. Il envoya entre autres la *Lucrezia Romana* de Guido Cagnacci et le fragment de fresque de l'Académie de Saint-Luc. Mais pendant qu'il travaille à Rome à l'abri de tout souci, sans avoir encore trouvé sa voie, et dans la donnée des disciples d'Overbeck, éclate, dans son pays, un événement auquel il semblerait qu'il doive rester étranger, mais qui aura cependant la plus grande influence sur sa carrière.

A la suite des empiétements successifs des tribus d'Anghéra sur le territoire espagnol de l'Otéro, aux portes de Ceuta, la guerre vient d'éclater entre l'empereur du Maroc, Abd-er-Rahman, et le gouvernement de la reine Isabelle; l'enthousiasme est général, toutes les provinces rivalisent de zèle, la municipalité de Barcelone désire que Fortuny suive le corps expéditionnaire pour retracer les divers épisodes de la lutte.

Nous eûmes cette singulière fortune de quitter l'Espagne avec Fortuny à bord du *Vasco Nunez de Balboa,* et de débarquer avec lui sur la terre d'Afrique. On sait que le général Prim, qui devait gagner à la pointe de l'épée, dans les plaines de Castillejos, son titre de marquis, était déjà, de par droit de conquête, comte de Reus, cette même ville qui avait donné naissance au futur peintre de *la Vicaria.* Il était donc naturel que ce dernier suivît le quartier général du grand Catalan, qui menait alors un train de prince, et ne marchait qu'escorté de poètes, d'artistes, de journalistes, dont la plupart, d'ailleurs, nos compagnons d'alors, ont eu les plus brillantes destinées.

A cette époque de sa carrière, Fortuny est un jeune homme de vingt-trois ans, très robuste, bien découplé, un Catalan un peu abrupt, concentré, taciturne, résolu dans les moments difficiles; il est habitué à la dure, toujours prêt à tout, et il va au feu sans phrases.

Ce séjour au Maroc, qui dura de cinq à six mois, fut certainement

MAURE DE TANGER.
D'après une aquarelle de Fortuny. (Collection de M. W. H. Stewart.)

une révélation pour le jeune artiste. C'est une époque de notre existence à laquelle nous ne saurions penser sans émotion. Presque toujours silencieux, négatif, mais sans tristesse et sans mauvaise humeur; facile à vivre, obligeant et bienveillant, indifférent aux choses extérieures, Fortuny vivait absorbé dans une contemplation féconde et sollicité de tous les côtés à la fois par les mille épisodes brillants, pittoresques, inattendus et dramatiques, qui se déroulaient devant lui. Des choses les plus émouvantes, il ne voyait que l'aspect extérieur; le côté âme et passion semblait lui échapper, comme pour lui permettre de mieux considérer le costume et le caractère. Il allait et venait par les camps avec une activité infatigable, muni d'un large carton de papiers légèrement teintés sur lesquels, avec une dextérité extraordinaire, il fixait, à main levée et debout, tout ce qu'il voyait, en rehaussant ses dessins d'une tache blanche, pour avoir des reliefs. C'était déjà juste, net, très habile de facture, pas encore savant au point de vue de l'attache anatomique. Dans quelques-unes de ces occasions, uniques au monde pour un peintre, où l'empereur actuel du Maroc venait à nous dans son somptueux apparat pour signer la paix, aux plaines de Bu-Séja ou de Vad-Ras, le peintre déployait une activité silencieuse; tout l'intéressait : les chevaux, les types, les étoffes, les armes, les bizarres accoutrements de la garde noire. Quand, après quarante ou cinquante escarmouches, cinq grands combats et huit batailles, nous entrâmes à Tétuan en vainqueurs, ayant pris d'assaut les deux camps qui défendaient la ville, le maréchal O'Donnell désigna à Alarcon, le poëte, et à nous, un palais beau comme un alhambra. Nous offrîmes l'hospitalité à Fortuny, mais il lui fallait les bouges du « Barrio » des juifs, les cavernes étranges et noirâtres où se réunissaient les vaincus, l'impression de la rue, le spectacle de la vie orientale, l'épisode caractéristique. Pendant tout son séjour dans la ville, il vécut en plein air, occupé à rassembler les documents qui devaient lui servir l'année suivante à peindre ses premiers tableaux importants; il se borna à reproduire le beau « patio » blanc aux murs ornés d'azulejos de notre demeure.

J'insiste sur ce point, que la vie civile des Maures, l'épisode pittoresque et les scènes de mœurs l'ont beaucoup plus frappé que la lutte elle-même, si poignante et si pleine d'émotion. La guerre offrait à chaque pas des sujets complets à tous les points de vue, il les négligeait, et cela nous parut singulier alors qu'il ne vit dans tout cela, ou qu'il ne choisit,

MAROCAINS JOUANT AVEC UN VAUTOUR.

(Collection de M. de Fontagud Gargollo.)

comme artiste, que les manifestations du genre purement pittoresque ou étrange. Il est certain qu'il regardait toutes les scènes au point de vue du jeu de la lumière sur les étoffes et sur l'architecture, et qu'il considérait surtout les harmonies ou les oppositions de tons, les types, les emmanchements particuliers dans lesquels réside le caractère des hommes et des choses. Le ciel, la nature et l'atmosphère lui parlaient plus que la guerre elle-même. Cette tendance est très importante à constater, parce qu'on arrivera plus tard à cette conclusion, qu'au point le plus brillant de sa trop courte carrière et dans ses manifestations les plus heureuses, Fortuny est surtout doué d'une main prestigieuse et d'un œil prodigieusement sensible : il étonne plus qu'il n'émeut. Une circonstance grave de sa carrière d'artiste va d'ailleurs confirmer cette remarque que chacun n'aura pas manqué de faire, puisque, à l'âge des ardeurs et des enthousiasmes, il assiste, lui peintre, à une campagne, unique peut-être au point de vue du pittoresque, à des drames sanglants, à des scènes qui offrent à chaque pas des tableaux poignants merveilleusement composés, et que, dans tout son œuvre, le seul souvenir, le seul reflet de ces impressions qui devraient être ineffaçables, c'est une toile, immense il est vrai, mais une toile commandée officiellement, qu'il renoncera à achever et dont il rendra le prix, déjà payé, à la municipalité de Barcelone.

Fortuny revint en Espagne à la fin du printemps de 1860 ; la province qui l'avait pensionné lui commanda la *Prise des campements de Muley-el-Abbas et Muley-el-Hamed par l'armée espagnole*. Il réunit de très nombreux documents à Barcelone même, acheta des uniformes et des équipements, fit poser des soldats des différentes armes qui avaient pris part à l'action, s'occupa de reproduire les portraits des personnages qui devaient figurer aux premiers plans : général Prim, maréchal O'Donnell, colonel Alaminos, général Ros de Olano, comte d'Eu, et les officiers des états-majors généraux ; puis, muni de tout ce qu'il croyait nécessaire à sa tâche, il revint à Rome où il avait résolu de l'exécuter. Déjà la municipalité préparait dans la salle de ses délibérations deux places propices qui devaient recevoir, l'une l'œuvre de Fortuny, l'autre *Un Épisode de la journée de Castillejos*.

Il partit donc pour Rome où il avait résolu d'exécuter son travail ; de Madrid il vint d'abord à Paris où il séjourna peu, son but étant surtout de voir la *Smalah* d'Horace Vernet. L'artiste avait peint à Barcelone même une esquisse sur laquelle on lui indiqua quelques modifications à faire,

LE VASE DE CHINE.

(Ancienne collection de M. John W. Wilson.)

et aussitôt installé il fit tendre sur châssis une toile de quinze mètres de longueur qu'il voulut préparer lui-même, s'employant comme un véritable manœuvre à cette besogne qu'il regardait comme très importante. La composition indiquée est certainement bien équilibrée, mais on ne saurait dire qu'elle soit originale ; il avait d'ailleurs à lutter contre le souvenir de la *Smalah* d'Horace Vernet, qui l'obsédait et qui était écrasant pour lui en ce sens qu'il se présentait immédiatement à l'esprit de tous, d'abord à cause du pays où la scène se passait, puis à cause de l'action elle-même et du genre auquel elle se rattachait; enfin, et surtout, en raison de la dimension et de la proportion de la toile où les épisodes devaient fatalement se souder les uns aux autres. Fortuny, pour représenter la prise du campement, s'était placé dans le camp des Maures ; à gauche, il avait la tour de Jéléli et la hauteur d'où tonnait le canon ennemi; en face, sur toute la longueur et parallèlement au plan du tableau, la tranchée marocaine escaladée par les Espagnols. Le personnage principal, le général Prim, dans un beau mouvement équestre, entrait par l'embrasure de la tranchée suivi d'Escalante, de Santa-Cruz, Campos, Monteverde, etc.; un peu à gauche, le maréchal O'Donnell entrait aussi à cheval suivi de ses aides de camp, au milieu desquels on distinguait le comte d'Eu. Sur toute la largeur des premiers plans, les Maures fuyaient faisant face aux spectateurs avec des groupes diversement composés, chevaux sans cavaliers, blessés en détresse, moutons et bestiaux pêle-mêle : tout le désordre enfin d'un camp arabe qu'on vient de prendre d'assaut. Le travail, tout d'abord, fut opiniâtre et exécuté avec un certain entrain, puis peu à peu l'artiste se refroidit ; il fit successivement ajouter deux et trois mètres à la toile, soudant un épisode à l'autre, perdant le sentiment de l'ensemble, ayant même fait une erreur de mise en toile qui avait eu pour résultat d'établir une certaine disproportion entre les figures du premier plan et celles qui étaient à la tranchée. Fortuny était très travailleur et très courageux, il commanda une nouvelle toile et roula la première ; il était encore à l'époque où le souvenir de l'action était précis, et on voit que l'idée de renoncer à l'exécution de la prise du camp n'avait pas encore germé dans son esprit. Cependant il devenait évident que l'artiste était mal à l'aise en face de son œuvre; il voulut cependant retourner encore au Maroc, ne se trouvant peut-être pas assez armé pour la lutte. De là il revint de nouveau à Rome, et, au lieu d'utiliser ses études pour l'achèvement de la commande qu'on le pressait de livrer, il tergiversait toujours.

PAYSANNE ITALIENNE.
(Collection de M. W. H. Stewart.)

Sa voie d'ailleurs n'était pas encore bien tracée; son indépendance n'était pas assurée comme artiste; il n'était donc pas libre de suivre ce qui l'attirait le plus; mais, tout en faisant un nombre énorme d'études pour son grand travail, il lavait déjà ces brillantes aquarelles qui devaient nous révéler son talent, et il peignait un certain nombre de tableaux qui ne comptent pas parmi les moins intéressants. Ce que nous avons vu de plus caractéristique parmi les productions de cette époque, ce sont d'abord les grandes figures détachées, *Têtes de Kabyles* et *Têtes de cavaliers noirs*, les deux toiles avec variante intitulées les *Barocchi* (collection de M. Stewart. — Ancienne collection Fol); une scène de *Bateleurs kabyles*, signée 1861, à M. Stewart, et un épisode, *Jardin de la villa Borghèse*, qui a dû passer en Amérique. Quoiqu'il se soit beaucoup modifié à la fin de sa vie et ait cherché des effets tout autres, il y a déjà là en germe les qualités qui ont valu à l'artiste la grande réputation dont il a joui plus tard. Les têtes, grandeur nature, sont largement brossées, mais elles pourraient être signées d'un nom tout autre; les *Barocchi* indiquent déjà la tendance de Fortuny à accumuler dans son cadre les objets accessoires brillamment exécutés, au détriment du rôle que l'homme, l'être qui vit et qui pense, doit toujours jouer dans un tableau.

On reconnaît dans cet intérieur somptueux le beau coffre Renaissance qu'il avait acheté pour faire l'ornement de son atelier, les armures japonaises, les beaux cadres sculptés, nombre d'autres objets d'art pour lesquels il s'était passionné, dont il aimait à s'entourer, et qui firent plus tard de son *studio* de Rome un véritable cabinet d'amateur. Il y a même dans le tableau qui appartient à M. Stewart (car il existe une répétition de cette toile) une particularité qui mérite d'être signalée et qui prouve toute l'acuité de cet œil qui semblait distrait, et la sûreté de cette mémoire. Comme il avait peint des personnages du xviiie siècle, des *Rococos* ou *Barocchi* regardant des gravures dans un intérieur somptueux, il avait dressé sur la cheminée monumentale un cadre à grand ramage, et il lui parut piquant de peindre le portrait du propriétaire du tableau revêtu d'une armure. Aucun document n'existait, ni photographie, ni dessin; il peignit de souvenir la figure de M. Stewart, qui est très ressemblante et tout à fait dans le caractère.

Nous ne saurions prendre un à un pour les décrire tous les tableaux de l'artiste, mais celui qui représente des Maures assistant aux bizarres

LES BIBLIOPHILES.

D'après une aquarelle de Fortuny. (Collection de M. de Murietta, à Londres.)

évolutions des convulsionnaires kabyles (tableau qui figure dans la même galerie) présente un très grand intérêt à cause de la vérité des types marocains. Jamais photographie consciencieuse n'a fixé avec plus de sincérité l'étrangeté des attitudes et ce je ne sais quoi d'impalpable et de sacré pour les artistes qui compose le caractère : les poses strapassées, les gestes cassés des Arabes assis au soleil, leur physionomie somnolente et grave, cet aspect contemplatif de fakir, qui flotte entre le sommeil, le rêve et la réflexion, sont remarquablement rendus ; tout ce monde-là parle arabe et on se sent transporté sur un autre continent. Il est important de remarquer que le *papillotage* charmant, qui constituera plus tard la manière de Fortuny, n'existe pas encore dans ce curieux tableau où les personnages et les architectures sont à leur plan, ne jouent que le rôle nécessaire, sont enveloppés comme il convient, avec les sacrifices indispensables à l'assiette d'une scène et la composition d'un tableau.

C'est en 1866 que le bruit de son nom parvint jusqu'à Paris ; l'éditeur Goupil, édifié sur le talent de l'artiste par un certain nombre d'œuvres qu'il avait apportées, entra en relations avec lui et fit un traité par lequel Fortuny s'engageait à lui livrer, par un premier contrat, et au prix de cent francs chacune, un assez grand nombre d'aquarelles. La plus importante de celles que nous connaissions de cette période ne mesure pas moins de soixante centimètres, elle représente une mendiante adossée à un mur avec son enfant dans les bras. Cette aquarelle, qui ne fut pas payée plus cher que les autres en raison du contrat, a sa légende amusante. Fortuny avait un singe qui, jouant un jour dans l'atelier avec des cartons, brûla quelques feuilles et en roussit un certain nombre. L'artiste surprit l'animal au moment où il venait de se brûler si cruellement qu'il en mourut : une de ces feuilles enfumées, marbrée de taches bizarres, et qui présentait encore la résistance nécessaire pour être employée, lui parut si bien préparée comme fond, et il y vit une telle combinaison de tons harmonieux, qu'il voulut collaborer avec la flamme. Cette remarque peut sembler puérile, mais elle a son importance, car bien souvent, plus tard, on observera que les fonds des aquarelles de Fortuny sont des fonds rêvés, des combinaisons de couleurs qui ont frappé ses yeux et qui ne ressemblent pas plus aux fonds réels que lui offre la nature, que les idées incohérentes d'un rêve ne constituent une action ; mais le peintre cligne des yeux et il enveloppe dans une brume harmonieuse tous ces tons divers, taches aussi variées que les fleurs d'un bouquet.

LE FAUST DE GOUNOD.
(Collection de M. Ramon de Errazu.)

Cependant Fortuny, dont le nom courait de bouche en bouche dans les ateliers parisiens, n'avait pas encore vu Paris; il y avait des relations personnelles et des relations d'affaires; la fréquentation des artistes de notre école moderne ne pouvait être pour lui chose indifférente, et, comme sa voie n'était pas encore bien déterminée, ce voyage pouvait avoir une grande influence sur son avenir. Il l'entreprit dans l'automne de 1866 et fréquenta quelques ateliers. Meissonier avait alors un petit groupe d'élèves aujourd'hui dispersés, notre artiste put profiter de l'enseignement de l'homme auquel on l'opposa depuis, sans aucune espèce de raison. Fortuny jusque-là était assez incohérent ; il dessinait avec précision des morceaux, mais il n'était pas rare de le voir absolument renoncer à attaquer un membre, à le modeler, à l'attacher anatomiquement ; le charme de l'ébauche suppléait souvent à l'insuffisance du dessin. Dans cet ordre-là, Meissonier avait beaucoup à lui apprendre, et on le vit serrer davantage son exécution. L'artiste trouva ici un autre enseignement assez inattendu, on lui mit dans les mains une collection à peu près complète de Gavarni et les riches lithographies, qui avaient été publiées dans le *Paris* de M. de Villedeuil; elles firent sur lui une très-grande impression. Déjà il possédait à fond l'œuvre de Goya, les *Caprices*, la *Tauromachie*, les *Désastres de la guerre*, les *Chevaux*, et les épreuves détachées, les *Sueltas;* il avait même des albums inédits du maître ; il voulut étudier les procédés de l'eau-forte, et il publia neuf planches éditées par MM. Goupil, qui devaient plus tard être suivies de quatorze autres, aujourd'hui terminées, mais restées inédites. Ces planches appartiennent à sa veuve, et partie d'entre elles sont entre les mains de ses éditeurs.

A Paris, l'artiste travailla aussi chez M. Gérôme, qui lui avait cédé un de ses ateliers; il fit quelques études sur nature, entre autres celle qui a pour fond la porte de la Réserve au Cabinet des Estampes de Paris, origine de la toile les *Bibliophiles;* il fréquenta assidûment ses compatriotes Gisbert, Madrazo, Rico et Zamacoïs; mais c'est surtout pendant l'année 1868, lors de son voyage à Rome, que Zamacoïs vécut côte à côte avec son ami.

Nous n'avons pas la prétention de suivre exactement le peintre dans ses pérégrinations ; il revint à Madrid, y séjourna assez longtemps, puis ayant noué des relations étroites avec la famille de son ami Madrazo, il épousa bientôt la fille du peintre de la cour, alors directeur du Musée royal de Madrid. Nous croyons que c'est à cette occasion, et par cette relation,

qu'il peignit pour la reine Isabelle un plafond, qui décore un des salons
de l'ancienne résidence de la reine Christine, aux Champs-Élysées.
Il avait d'ailleurs donné des leçons de dessin à l'une des filles de la

PORTRAIT DE M. JOSÉ TAPIRO.
Fac-similé d'un croquis de Fortuny.

reine, et, le jour où la ville de Barcelone avait cessé de lui payer la
pension de 25 douros par mois (132 francs), le duc de Rianzarès la lui
avait servie jusqu'au jour de son mariage avec Mlle Cécilia de Madrazo.
Désormais fixé, sûr de l'avenir au point de vue de l'indépendance,

muni d'un traité qui lui permettait de compter sur des revenus fixes, Fortuny revint à Rome, organisa sa maison, augmenta son atelier et commença d'importants travaux. C'est véritablement à cette époque que se rattache la constitution de ce cénacle hispano-italien, où on ne prononçait son nom qu'avec admiration. Les noms de la plupart de ceux qui le composèrent de 1866 à 1870 sont aujourd'hui connus de ceux qui s'occupent d'art ; Fortuny en a représenté quelques-uns dans son *Faust de Gounod*. C'étaient Villegas, Rico, Jorris, Ferrandiz, Ximenez, Agrasso, Tapiro, etc. Les ateliers allemands furent un peu bouleversés, les disciples prudents et circonspects de l'ascétique Overbeck anathématisaient ce transfuge et ces Andalous qui osaient parler de lumière, d'atmosphère, de transparence des tons, de chatoiements des couleurs ; ces fantaisistes brillants et sans traditions qui, au lieu de vivre dans l'Olympe ou dans la nébuleuse mythologie de Kaulbach et les ennuyeuses allégories de Cornélius, demandaient leur inspiration au soleil de Rome, à sa lumière, à sa campagne ; prenaient leurs modèles dans la vie réelle et cherchaient même des procédés nouveaux pour peindre avec plus de transparence, plus de limpidité et d'éclat.

Cette période de 1866 à 1870 est la période d'éclat d'une existence trop courte. Il n'est que bien rarement question de la *Prise de Tétuan ;* la toile est roulée, la municipalité de Barcelone, de temps en temps, demande à l'artiste ce que devient la commande ; Fortuny répond d'une manière évasive : il s'est fait un nom dans une manière très différente, il a tout à perdre, et il semble qu'il ait peur. Un jour enfin il propose de rendre la somme qu'on lui a payée ; on la refuse ; il insiste pendant des années ; quand on a bien compris qu'il n'exécutera jamais sa grande toile, on annule le contrat. Il est piquant d'apprendre que l'homme qui a vendu deux tableaux de 1ᵐ,40, 75,000 francs chacun, devait recevoir 6,000 francs de la ville de Barcelone pour cette composition qui mesurait 15 mètres de long sur 4 mètres de haut.

Ce ne sont pas les Espagnols seulement qui se groupent autour de Fortuny, son atelier est un de ceux qu'on visite le plus : de Boston, de Philadelphie, de Cuba, de New-York et de Chicago, on lui envoie des visiteurs qui font de la propagande à cette peinture brillante, curieuse, habile, et encore plus faite pour charmer les yeux que pour toucher le cœur. L'atelier lui-même est plein d'intérêt, c'est un cabinet d'amateur, un petit musée. Les murs nus lui font horreur. Fortuny couvre tout

CIRCASSIEN.

(Collection de M. W. H. Stewart.)

l'atelier de brillantes étoffes, il dresse contre les parois de grandes vitrines pleines de poteries, de faïences persanes, de morceaux d'azulejos, de spécimens de l'art hispano-arabe ou de l'art persan, armes précieuses, buires, plats à reflets métalliques, verreries de Murano, étoffes de l'Orient. Tout ce qui brille, tout ce qui miroite, tout ce qui retient la lumière, il le recherche et le collectionne. Un jour, à Grenade, il a vu un grand *cantaro* qui rappelle le fameux vase de l'Alhambra, il n'a de cesse qu'il soit en sa possession. Un de ses compatriotes, le peintre Ferrandiz, a d'ailleurs reproduit à l'occasion de l'une de nos expositions annuelles l'intérieur de cet atelier, qui ressemblait plus à une salle d'exposition d'art oriental qu'à un lieu d'étude. On se demande même comment l'artiste pouvait peindre dans un tel milieu, où l'œil était sollicité par tant de choses qui papillotaient et qui accrochaient les points lumineux, sans pouvoir jamais se fondre dans une harmonie générale et se tenir discrètement à leur place. Mais après tout, ce sont là les éléments de travail de Fortuny ; et quand il les mettra en œuvre, luttant d'éclat dans ses toiles avec les tapis d'Orient et les étoffes pailletées, il saura peut-être amortir les chocs de lumière, tempérer les éclats et donner à son ensemble l'harmonie nécessaire.

C'est vers cette époque que Henri Regnault fit la connaissance de Fortuny : la correspondance de l'auteur de la *Salomé* montre jusqu'à quel point il fut impressionné à la vue des œuvres du peintre catalan : « J'ai passé avant-hier la journée chez Fortuny et cela m'a cassé bras et jambes. Il est étonnant ce gaillard-là ! Il a des merveilles chez lui ; c'est notre maître à tous. » Malgré ce grand cri poussé par l'artiste, que nous avons tous pleuré, et comme Français, et comme peintre, c'est cependant encore dans le huis clos qu'est proclamée cette suprématie de Fortuny à Rome. Les raffinés, les voyageurs, les cosmopolites de Paris savent bien qu'il y a là-bas une personnalité très vive qui s'affirme, mais l'écho ne se répercute ici que dans un monde restreint. Les expositions privées de la rue Chaptal, celles de la place de l'Opéra ne servent qu'à aiguiser la curiosité publique. De temps en temps, c'est une aquarelle importante, le *Marchand de tapis*, le *Circassien*, ou quelque petite toile brillante et ensoleillée, *Une Posada à Grenade*, qu'on va voir là, dans un milieu discret où l'on ne néglige pas la mise en scène ; on n'entre qu'avec des mots de passe, il semble qu'il y ait une certaine méfiance à l'égard du public, du « tout le monde », qui ne respecte pas toujours les

LE CHOIX DU MODÈLE.

(Collection de M. W. H. Stewart.)

arrêts rendus dans les cénacles. En somme, notre Exposition annuelle des Champs-Élysées où, plus ou moins, toutes les célébrités étrangères, les Walker, les Frith, les Leighton, les Mackart, les Pettenkoffen, les Piloty, les Menzel, les Zichy, les Induno, les Munkaczy, etc., etc., sont venus se faire consacrer, n'a jamais contenu une seule œuvre de Fortuny, et les plus curieux des choses d'art, qui n'ont pas eu la fortune de visiter son atelier de Rome, ne connaissent véritablement pas un ensemble d'œuvres d'où l'on puisse tirer une conclusion. Enfin, au printemps de 1870, les initiés entendent dire qu'on expose chez MM. Goupil une toile qui fait fureur, et qui peut donner une idée complète de celui qu'on regarde déjà comme un maître, sans qu'on ait réellement pu se former un jugement sur son talent.

Ceux qui nous lisent connaissent sans doute aussi bien que nous la toile qu'on désigne sous le titre *Un Mariage dans la sacristie d'une église de Madrid*, et dont le nom consacré est *la Vicaria*. On vient d'ailleurs de la revoir à loisir dans une des Expositions de charité faites dans la salle de la rue de Sèze. Il est certain qu'en se plaçant au point de vue de cet art agréable et charmant, aussi spirituel dans la conception qu'habile dans le rendu, l'œuvre est de tout point réussie et justifie le bruit qui s'est fait autour d'elle. L'artiste a choisi pour cadre une sacristie très pittoresque, composée, je crois, de morceaux pris çà et là; il a placé la scène au xviii siècle, ce qui lui a permis de donner au groupe des mariés et des invités les costumes de ce joli monde à paillettes qui circule dans l'œuvre de Goya. Il y a là des roses vifs, des jaunes soufre, des tons rares et chatoyants qui font un contraste avec le caractère de l'édifice; les physionomies des prêtres et des sacristains sont bien observées et pleines d'intentions fines; les groupes des mariés et des parents s'opposent heureusement les uns aux autres par une diversité qui fait antithèse. Au milieu de ce monde bariolé circule un être étrange, avec le torse nu et la cagoule en tête; c'est un pénitent de confrérie qui va demandant l'aumône et présentant la *limosnera*. Il y a là trois sortes d'attraits : les types, tous faits pour retenir le regard; la mise en scène, aussi ingénieuse par l'arrangement que séduisante par le caractère; et enfin l'exécution, qui est d'un grand charme quoiqu'elle ait été, dans l'état définitif, inférieure à ce qu'elle fut à un moment donné.

Nous avions vu le tableau de *la Vicaria* dans l'atelier de l'artiste, bien longtemps avant qu'il fût livré, et il a passé par différentes phases. Fortuny le regardait comme terminé vers le mois de mai 1869 ; tout était alors largement et grassement touché, les visages, si séduisants, étaient indiqués d'une main habile, mais vive et franche ; il y avait dans cette exécution quelque chose de la touche du Goya de l'Alameda des ducs d'Ossuna, c'est-à-dire le Goya contenu, gracieux, spirituel, de *la Romeria de San Isidro*. Plus tard certaines exigences amenèrent l'artiste à blaireauter les têtes et à imprimer à l'ensemble une uniformité de facture qui, en rendant le tableau plus accessible au goût du public, en énervait les qualités. Fortuny, à la fin de sa vie, regrettait ces concessions. Je lis même dans une lettre datée d'octobre 1873 : « Aujourd'hui je n'ai pas de dettes, j'ai même quelque chose de côté, et mon indépendance est assurée, je vais seulement commencer à faire ce que je sens et ce qui me plaît. »

Au lendemain de *la Vicaria* l'artiste était en possession de sa pleine renommée, il allait exécuter une autre toile importante dans son œuvre, qui devait fortifier une réputation incontestablement établie, et confirmer les prix considérables qu'on attribuait à ses œuvres. Ce n'est qu'après la guerre que le public a eu connaissance, par les récits des visiteurs de son atelier de Rome, de la toile intitulée : *Réception d'un modèle à l'Académie ;* mais elle était commencée depuis longtemps. Elle fut interrompue par le voyage que l'artiste fit en Andalousie, voyage qui produisit l'impression profonde que le séjour aux pays du soleil avait toujours faite sur sa nature. Il est singulier que Fortuny, qui était très silencieux, très concentré, et dont l'esprit ne se révélait ni par des mots ni par des saillies, comme chez son spirituel compatriote Zamacoïs, ait plusieurs fois montré, dans ses œuvres, des intentions d'une très grande finesse et donné à ses physionomies des expressions d'une acuité et d'une délicatesse rares. Il avait imaginé une Académie comme on en eût rêvé une dans l'atmosphère où se passe la *Chartreuse de Parme ;* et les membres de ce cénacle innommé procédaient, dans un palais de splendide architecture, à l'examen du modèle féminin.

Cette toile, qui est extraordinaire à un certain point de vue, appartient aujourd'hui à M. Stewart, qui n'a pas moins de dix à douze tableaux de l'artiste, et des plus importants. Bien qu'il soit très difficile de faire comprendre l'œuvre à qui ne l'a point vue, nous allons cependant le tenter.

LA PORTE DE JUSTICE A L'ALHAMBRA.

(Collection de M. W. H. Stewart.)

Fortuny a donné comme cadre à sa fantaisie l'étonnante salle d'entrée des grands appartements du palais de l'ambassade d'Autriche à Rome ; les colonnes de marbre et de porphyre se détachent sur le fond des grandes verrières qui éclairent le vestibule à l'entrée, et, comme si ce n'était pas assez de la richesse de ce magnifique intérieur (que la plupart de ceux qui sont allés à Rome connaissent certainement), l'artiste a meublé ces fonds de groupes de marbre et de bronze empruntés au Vatican. A la hauteur des chapiteaux des colonnes, pour ajouter encore à la richesse, il a laissé voltiger dans l'air, comme l'eût fait un décorateur pour une fête, des draperies splendides qui viennent s'attacher aux fûts. Les murs de marbre de la salle sont couverts de cuivres, de bras de lumière, de glaces de Venise, de consoles dorées qui portent des bustes de matières précieuses. Des grandes tables de mosaïque portées par des satyres en métal ou en bois dorés, dans le goût du Brustolone, s'appuient aux murs à droite, et, monté sur ce marbre même, le modèle féminin, dans tout son jour et son entière nudité, a pris la pose et s'offre au regard d'une dizaine d'académiciens en habits de cour à la Louis XV. Les vieillards qui entourent cette Suzanne sans pruderie sont vêtus des étoffes les plus suaves, des couleurs les plus osées, celles qu'on appelait alors des noms les plus étranges, les « zinzolin », les « cuisses de nymphe émue », les « duvets de pêche », les « jaunes Pompadour », etc. ; pailletés d'or et d'argent, ils portent le bas de soie bien tendu, l'escarpin à boucles de strass, et prennent les poses et les expressions les plus variées. Chacun exprime son jugement par un geste ou par un jeu de physionomie ; l'un d'eux, plus consciencieux et plus amateur, s'est tout à fait détaché du groupe pour lorgner de très près les formes de l'académie rose. Un détail qui amuse l'œil et joue un rôle dans ce tableau, c'est le reflet de ces tons divers des étoffes sur le sol de porphyre et de marbre. — Tel est le sujet, mais il faut se figurer chaque accessoire de cet éblouissant intérieur rendu par un artiste aussi consciencieux que Desgoffe, ne faisant pas plus de sacrifice que lui, ne noyant rien dans l'ombre, tenant compte de toutes les paillettes, de tous les accidents, de toutes les facettes des objets et des mille feux de la lumière. Au point de vue du tableau, tel qu'il devrait être conçu dans son harmonie, il y a beaucoup à dire ; mais le vice évident de cette toile curieuse, si étonnante par certains côtés, et qui est peut-être une toile unique au point de vue d'une certaine exécution, c'est que l'homme n'y joue pas un rôle supérieur à celui qu'y jouent

LA PRIÈRE.

«Collection de M. le baron Edmond de Rothschild.»

les choses et les natures mortes. Fortuny ne serait sans doute jamais allé plus loin dans son prodigieux rendu.

L'artiste était à Paris au printemps de 1870 ; il y fit alors une courte apparition, et, traversant rapidement Madrid et Séville, vint se fixer à Grenade, où il resta deux années, coupant seulement ce séjour par une excursion au Maroc. Ce ne fut que vers la fin de 1872 qu'il alla retrouver son atelier de Rome et son petit cénacle. Quoi qu'on en ait pu dire, il voyait Grenade pour la première fois. Jusque-là il avait séjourné en Catalogne ou à Madrid, et tout ce qu'on connaît de sujets d'architecture arabe ou de scènes qui ont pour fonds des palais de l'art mauresque a été exécuté à l'aide des études faites à Tétuan pendant le séjour de 1859 à 1860. C'est ainsi que l'artiste avouait que la vue de l'Alhambra et la connaissance qu'il avait acquise de l'architecture des Maures l'avaient beaucoup gêné pour son travail. Jusque-là il avait l'intuition de cet art, il le comprenait dans son ensemble et dans sa coloration générale, et il peignait largement ses fonds d'après son impression, s'appuyant sur des lignes connues, des silhouettes et des constructions exactes. Désormais, en face de ces prodigieux détails de la réalité, il se sentait dérouté, et, de fait, Eugène Delacroix, qui lui aussi avait vécu au Maroc, se contentait de l'impression dans son rendu et la faisait éprouver plus profonde et plus juste que les peintres minutieux, qui joignaient pourtant à la précision des architectes un certain sentiment de la lumière.

A Grenade, Fortuny s'établit d'abord aux *Siete Suelos*, dans cette auberge célèbre située dans l'Alhambra même et si connue des voyageurs ; plus tard il prit une maison avec un jardin et s'organisa un atelier ; il avait là des amis, artistes comme lui, d'abord l'excellent Don Rafael Contreras, l'ingénieux et le respectueux restaurateur de l'Alhambra ; puis son compatriote Tapiro, dont le nom est bien connu à Paris ; Jorris, un Italien de talent, un Romain du Cénacle, et Rico, un artiste bien original. Ces deux années furent très fécondes, il fit nombre d'études en pleine lumière, à l'heure où, abrité sous le parasol, le peintre entend la boîte de couleurs crier sous la morsure du soleil. Il avait un jardin très pittoresque, mais celui de Don Rafael, avec ses murs tapissés de larges feuilles et ses grands cucurbitacés aux riches couleurs, ses fleurs éclatantes et ses verdures sombres, avait encore plus de caractère. Il combina les deux études et en fit le fond d'un nouveau tableau, important aussi dans l'œuvre, qui s'appelle la *Répétition d'une tragédie dans un jardin*, et qu'il désignait plus volontiers sous le nom le *Poète*.

Je sais ce qu'il y a de désavantageux à parler d'une toile que presque personne n'a vue, mais s'il y a un côté intéressant dans une étude sur cet artiste, c'est justement peut-être ce côté inédit de ses œuvres. Le *Poète* est une composition très inattendue. En y réfléchissant bien, on arrive à cette conclusion que la plupart du temps les œuvres de Fortuny lui ont été inspirées par le fond du tableau lui-même. Chez tout autre la pensée précède, l'âme du sujet est le pivot, puis le peintre cherche le fond qui convient à la scène qu'il a imaginée; il le trouve, il le subordonne, ses personnages vont se mouvoir dans ce cadre plus ou moins exact et réel. Pour le *Modèle*, par exemple, les belles salles du palais Colonna l'ont évidemment tenté, et il a cru que la scène qui conviendrait le mieux à ce décor serait celle qui donnerait lieu à un déploiement de costumes chatoyants en opposition avec cette figure entièrement nue. Pour *la Vicaria*, il aura vu quelque belle sacristie comme on en voit en Espagne et en Italie, et se sera dit : « La signature d'un acte de mariage au dernier siècle serait la mise en scène qui se déploierait le mieux dans cette architecture. » Pour les *Kabyles convulsionnaires*, je sais personnellement qu'il a accommodé à un fond absolument copié sur nature, et que je reconnais, une scène vue en d'autres lieux, et c'était d'ailleurs son droit d'artiste. Une autre toile très intéressante, qui s'appelle *les Suppliciés* (appartenant également à M. Stewart et qui a pour fond une des salles de l'Alhambra de Grenade, vient confirmer cette idée. Il a vu l'architecture, il a été frappé, il a fait son étude sur nature, et s'est efforcé de fixer l'impression des rayons ardents du soleil sur ces murs blancs, cherchant à rendre les teintes d'ombres transparentes portées par les grands plans en saillie, les reflets assourdis des ors dans les coupoles à stalactites, l'éclat des azulejos, des tapis, des armes et des lampes de cuivre noyées dans la pénombre, et cet assoupissement particulier à l'Orient et à la nature de l'Andalousie. Un jour enfin, en regardant son étude palpitante de lumière, il a pensé que cette *Porte de la Justice* conviendrait à la scène des *Suppliciés;* il a assis alors, dans l'ombre de la porte en fer à cheval, un juge arabe ou un kodja, secrétaire de quelque tribunal, qui assiste somnolent à l'effroyable supplice de deux noirs étendus, nus, tout de leur long sur la dalle brûlante, les pieds passés dans une cangue, voués sous ce soleil de plomb à une immobilité mortelle. Au premier plan, un autre condamné, la tête et les mains passées dans les trous de la planche du supplice, cuit impitoyablement sous les rayons de feu, tandis que dans l'ombre des salles fraîches, au doux murmure des eaux jaillissantes, les exécuteurs des hautes œuvres restent immobiles, accroupis sur les tapis, en proie au spleen lumineux de l'Orient.

Mais je reviens au *Poète*. Fortuny, comme nous l'avons dit, avait fait deux études de jardin, l'une d'après le sien propre, l'autre dans celui de Don Rafael Contreras. Il imagina un poète qui fait répéter un rôle à une actrice, et un public très restreint qui, placé à distance, juge de l'effet de cette répétition en plein air, dans cette *huerta* luxuriante, pleine de lumière et de soleil. Les costumes appartiennent encore au xviii siècle, le groupe du poète et de la tragédienne est dramatique de geste, tandis que celui des amateurs est sobre et contenu. Il serait curieux de savoir quel est le lien, l'association des idées qui a pu produire cette composition singulière qui éveille la pensée et pique assez notre curiosité pour que nous nous préoccupions à ce point de l'origine. Quelque poète espagnol a-t-il fait une lecture dans un jardin, et Fortuny a-t-il brodé sur ce thème-là ? A-t-il assisté à Rome à une scène de ce genre ? Est-ce le résultat de quelque lecture, de quelque récit, une impression fugitive qui a éveillé sa pensée ? Nous l'ignorons, mais en tout cas nous retenons deux choses : le fond est connu, il est réel, et il est le point de départ ; et pour la première fois peut-être, Fortuny, par ce sujet qui a quelque chose d'étrange, d'indécis, de rêvé, éveille notre pensée et nous emporte *au delà*.

Une autre étude sur nature, intitulée *Los Cerdos*, « *les Porcs* », qui représente un intérieur de basse-cour à Grenade, restée longtemps en la possession de l'artiste, passe auprès des peintres du Cénacle pour son chef-d'œuvre. Ce fond, très intéressant, fût devenu sans doute aussi un prétexte à quelque œuvre nouvelle. C'est à cette époque que le peintre exécuta la *Halte des Voyageurs* et l'*Arquebusier ivre*, deux perles de la collection Stewart. Enfin la *Prière* de la collection de M. Edmond de Rothschild est une étude d'après nature de la charmante mosquée de Tolède, *Florida Blanca*.

Fortuny voyait désormais ses toiles atteindre un prix très élevé ; on brûlait de le connaître, il avait lui-même le désir de voir les grandes collections, passionné qu'il était des objets d'art, des armes précieuses, des étoffes, des meubles, de la céramique et des merveilles de l'art du métal ; il se laissa entraîner à Londres par son ami, le baron Davillier, le

FAC-SIMILÉ D'UN DESSIN DE FORTUNY.

collectionneur sympathique avec lequel il avait déjà fait des excursions en Andalousie. Il partit pour Londres le 1er juin 1874, et, fuyant le monde et redoutant les réceptions, il consacra tout son temps aux excursions, aux collections, au *Kensington Museum*, à la *National Gallery*, etc., etc. Il connut alors Millais, le célèbre artiste anglais, qui s'était passionné pour son talent. Il resta là quinze jours et rapporta des albums pleins de croquis spirituels annotés et commentés. A son retour, il ne fit que toucher barre à Paris, qu'il ne devait plus revoir.

Nous avons parlé au commencement de cette étude de l'habileté de main de Fortuny et de son adresse incomparable; il a exécuté lui-même quelques objets tels que nielles, pommeaux d'épée, travaux de fine orfèvrerie qu'on pourrait comparer aux belles choses de l'école italienne et de l'école espagnole. Un artiste, qui est regardé comme un homme de la plus haute compétence en cette matière, M. Édouard de Beaumont, a eu dans la main un pommeau d'épée exécuté par Fortuny, et il déclare que l'œuvre est digne des maîtres. L'artiste donna à Grenade une preuve singulière de ce goût particulier pour les travaux manuels qui se rattachent aux arts du dessin; il voulut exécuter lui-même un grand vase en repoussé de cuivre rouge ajouré, dans la forme d'une lampe de mosquée; et, avec l'aide de son ami le peintre Tapiro, il consacra un certain temps à l'exécution, qui réussit à souhait. Il avait étudié les dessins d'abord, puis les procédés chimiques d'exécution; son outillage à Rome était des plus restreints, il avait à peine les outils indispensables, et cependant il arrivait à de très curieux résultats; on en put juger d'ailleurs le jour où on vendit publiquement tout ce qu'il laissait après lui. M. Édouard de Beaumont a écrit quelques lignes pleines d'intérêt en tête du catalogue de cette vente. Elles révèlent sur l'artiste quelques particularités qui trouveront place dans sa biographie : « Le désir qu'éprouvait Fortuny, de rendre à certains casques, à certaines parties de harnais, la pureté de leur forme d'origine, le mena tout naturellement à rechercher, à essayer quelques vieux procédés de fabrication à peine révélés jadis par les maîtres forgerons ou fourbisseurs; il se mit à appliquer patiemment leur mystérieuse manière d'argenter, de *hachurer* et de damasquiner l'acier, de le *recouvrir*, par appliques, *d'or de feuilles* ou de le *dorer d'or à l'ange*, de le brunir, ou bien encore de lui donner cette belle couleur, bleu sombre, que les anciens nommaient bleu paon *pavonazzo*. En tout cela, consultant et suivant les exemples moresques ou italiens, il était

PORTRAIT DE M. P. D'ÉPINAY EN COSTUME DU TEMPS DE GOYA.
D'après un dessin à la plume de Fortuny.

arrivé à une étonnante perfection. Il se plaisait à composer des gardes d'épée, comme ont fait Holbein, Albert Dürer, Aldegrave, Polidore de Caravage, Pierre Woeriot, et tant d'autres grands artistes de la Renaissance, qui imitaient en cela ceux de l'antiquité. »

Il est certain que l'*épée de style moresque*, composée, forgée et damasquinée par l'artiste dans son dernier séjour à Grenade, est un chef-d'œuvre. Elle a figuré à sa vente et a atteint un prix élevé; elle résume tout l'art et tous les procédés de fabrication dont usaient au xvᵉ siècle les *espaderos* et *azziministes* musulmans de Cordoue.

Il ne restait plus que deux années d'existence à cet artiste si jeune, si fortement constitué moralement et physiquement, et que sa nature même mettait à l'abri des mélancolies profondes, des agitations secrètes et tumultueuses qui, ici-bas, abrègent souvent la vie des hommes qui remuent des idées, font jaillir de leur cerveau des étincelles qui illuminent les ténèbres où vivent les autres hommes, et meurent parfois à la fleur de l'âge, parce qu'ils ont donné leur cœur en pâture à l'humanité. Dans Fortuny rien de semblable; bien équilibré, d'aplomb sur le sol qu'il foule, sachant ce qu'il veut et où il va, il raisonne plus qu'on ne suppose ; il a cependant ses songes, il est doué d'une sorte d'imagination très spéciale ; dans la chambre noire de son cerveau, il combine des couleurs et des effets comme d'autres combinent des pensées et improvisent des scénarios. Un jour, par exemple, l'essai de ses pinceaux laisse sur le papier des taches bizarres; cette palette de hasard frappe ses yeux et éveille sa pensée; il voit là des harmonies singulières qui seraient le point de départ d'une très curieuse aquarelle, la *Mascarade*, où, dans un *Pincio* idéal ou un coin rêvé de quelque villa Albani qui n'a jamais existé, un groupe de masques, qui n'ont ni patrie ni histoire, viennent faire le décaméron à l'ombre d'arbres dont les feuilles sont des taches et les troncs sont des valeurs. Sur le premier plan, de grands cygnes colorent de leur duvet blanc les ondes noires et bleuâtres d'un bassin; c'est à la fois étrange et séduisant, et d'un coloriste très délicat qui ne pouvait sans doute pas conduire son rêve jusqu'au bout et en faire une réalité picturale. Mais ceux qui aiment la peinture savent tout le charme qu'on trouve dans certaines esquisses que la pensée achève et complète, et où le spectateur se prend à voir un monde de choses qui flottent au gré de son imagination.

DESSIN A LA PLUME PAR FORTUNY.

(Collection de M. Secrétan.)

La dernière période de la vie de Fortuny est certainement celle où il eut le plus d'audace ; il était décidé, nous l'avons vu, à ne peindre que ce qui l'impressionnerait et l'attirerait invinciblement ; c'est ainsi qu'il avait commencé une toile qui n'aurait pas été du goût de tout le monde et qui représentait un abattoir à Naples. Il avait été séduit par les chaudes colorations des chairs pantelantes et du sang noir ruisselant sur la dalle, par les gammes de tons des murs où suintait l'humidité produite par les effluves sanguinolents de ce charnier. A côté de cela, ses cartons regorgeaient d'esquisses et de projets de toute sorte. La vente a dispersé depuis aux quatre coins du monde les toiles qu'il laissa achevées ou inachevées ; c'est surtout dans ces ébauches que l'on saisit le mieux le rêve irréalisé. Ce qui le préoccupait à ses derniers moments, c'est une scène de *Charmeurs de panthères* dans un intérieur d'architecture moresque.

L'artiste exécutait avec une rapidité sans seconde et une habileté tout à fait rares ; quelques-unes des aquarelles où il a représenté des personnages d'assez grande dimension ont été enlevées en deux journées. Sa facture était très personnelle, pas toujours franche d'ailleurs, mais il avait une véritable magie d'effet, des procédés curieux et bien originaux ; il opposait des rehauts pleins de *ragoût* à des limpidités et des simplicités de teinte du plus grand éclat. Il a laissé un grand nombre de portraits d'amis (*Portrait du sculpteur P. d'Épinay*), qui sont d'un esprit achevé. Parfois, à côté d'un morceau rendu de la façon la plus surprenante, il lâchait tout à coup le morceau juxtaposé, et, ayant poussé à outrance le modelé d'un bras ou d'une tête, ébauchait négligemment la jambe ou le pied, comme il opposait au relief extraordinaire d'une étoffe exprimée jusque dans sa trame le ton simplement lavé d'une autre étoffe : il lui arrivait même parfois de laisser jouer sur une grande surface le fond du papier et d'en tirer des effets surprenants. Tout lui était bon ; on l'a vu spéculer sur un *dessous* inattendu produit par la fumée d'un incendie qui avait menacé ses cartons. Il lui arrivait encore d'égratigner l'épiderme de son bloc et de jouer avec une tache ou une éclaboussure ; il y avait un peu de sorcellerie dans son fait, et c'est peut-être la plus prodigieuse habileté de main qu'on ait connue dans ce temps-ci.

L'aquarelle s'accommode volontiers de ce que les artistes, dans leur langage coloré, appellent les *trucs* et les *ficelles*. Pour la peinture à l'huile, qui exige plus de sérieux dans l'exécution, il avait aussi ses pro-

UNE MENDIANTE.

D'après une aquarelle de Fortuny.

cédés et même ses théories. Un artiste distingué de ce temps-ci, en voyant son tableau du *Modèle*, avait exprimé le regret qu'il n'eût pas fait s'enlever en clair sur un fond soutenu les chairs rosées de son académie vivante qui pose sur la table. Fortuny ne tenait jamais de longs discours; quand on lui répéta ce propos il se contenta de hausser les épaules, et il répondit plus tard à cette critique en disant qu'il avait au contraire choisi le fond le plus semblable au ton local des chairs pour modeler une figure en clair sur un fond clair, et qu'il cherchait justement cet effet-là. Une autre fois, dans une toile peu connue, *Une Cour de posada*, précieuse entre toutes par l'invraisemblance de la dimension des figures, dont quelques-unes expriment une intention quoiqu'elles ne se puissent voir qu'à la loupe, il s'amusa à asseoir sous une treille des reitres se livrant à la bombance, et à lutter, dans l'exécution de ces personnages microscopiques, avec les accessoires de la table et l'ombre portée par les feuilles de vigne. Il jouait, en un mot, avec la difficulté; elle l'attirait et le séduisait.

Après le printemps de 1874, il abandonna Rome pour Naples et Portici; il loua la villa Arata au bord de la mer, décidé à y passer l'été avec sa femme et ses deux enfants; ce séjour s'est reflété dans son œuvre par toute une série d'études qui lui auraient fourni d'importants tableaux, mais il n'eut pas le temps de les achever. Elles restent, pleines de soleil et éclatantes de lumière, à l'état d'ébauches, où il a mis en somme le meilleur de son talent. Cette installation ne fut que provisoire; rappelé à Rome en novembre, il reprit son atelier où il ne se plaisait plus, il parlait d'aller se fixer pour toujours en Espagne. « Me voici de nouveau dans la Città Eterna, écrivait-il le 7 novembre 1874, au baron Davillier, chagrin, ennuyé, sans envie de peindre; j'ai la tête vide comme un nid sans oiseaux; sans doute ils se sont envolés à Portici, où j'ai si heureusement passé l'été. » Le fait est que sa vie pendant ces six mois de villégiature, dont il a laissé le souvenir dans un tableau qu'il intitula ainsi, était faite pour lui laisser des regrets; les colorations, l'atmosphère, le soleil éclatant de cette nature napolitaine l'avaient vivement séduit; il y avait travaillé à outrance, à Castellamare, à Portici, à Pompei; il ne quittait pas les plages, où il arrivait dès le grand matin; sa jeune femme l'y venait retrouver, et les lazzaroni se demandaient entre eux ce que pouvait faire sur le rivage et en plein soleil « ce jeune homme qui écrivait toujours », pendant qu'eux dormaient à l'ombre.

FANTASIA.

(Collection de M. W. H. Stewart.)

Là aussi il était entouré d'un petit cénacle de peintres napolitains dont la gaieté et l'entrain lui communiquaient la vie; il connaissait déjà Attilio Simonetti, il se lia avec Boldini, et les élèves de Dalbono et de Palizzi restèrent émerveillés de ce talent. Déjà il avait eu un accès de fièvre avant son départ, accès léger qu'il avait coupé facilement et pris à temps; revenu à Rome, il fut repris d'un nouvel accès, et, sous l'action de la *tertiana*, sa vie fut brutalement brisée à un âge où on ne croit pas à la mort, le 21 novembre 1874. Il avait alors trente-six ans. La fièvre pernicieuse, c'est la maladie des peintres qui ont travaillé en plein air dans la campagne de Rome; c'est aussi, dit-on, le triste privilège de ces ateliers de la « porte du Peuple », et, de fait, un mois après, dans la même maison, Ferdinand Heilbuth, si connu à Paris et si apprécié, atteint de la même fièvre, restait vingt-quatre heures entre la vie et la mort, et Hector Leroux, l'artiste élégant, écrivait à ses amis après ces angoisses : « Ecco quello che ritorna dell' inferno. »

Fortuny fut fauché dans sa fleur, sa mort fit une grande impression à Rome, dans toute la société, car l'homme était aussi sympathique que le peintre, et tout le monde avait voulu le connaître. Les artistes des différents cénacles voulurent porter eux-mêmes le corps du jeune Espagnol jusqu'au champ de repos. On enferma avec lui dans la tombe son dernier croquis, et on rédigea son épitaphe en castillan.

Un critique de grand talent, M. Paul Mantz, a posé cette question : « Que serait devenu Fortuny? quelles modifications le temps aurait-il apportées à sa manière » ? Et il pensait que l'artiste serait sans doute revenu aux ambitions de sa jeunesse et aux grandes décorations qu'il avait rêvées en arrivant en Italie. D'abord, on lui avait imposé le sujet de ces grandes décorations et il s'était fait illusion sur ses facultés pour leur exécution; dès qu'il put s'y soustraire il le fit, sinon hardiment, au moins en opposant une certaine force d'inertie aux suggestions des magistrats de Barcelone. Plus tard il aurait tout tenté, je crois, en fait d'audaces, et on eût vu de lui des œuvres étranges; mais la grande peinture vit de sacrifices et exige de larges partis-pris, et Fortuny ignorait absolument cette condition essentielle de l'art. Je ne connais, sur vingt toiles importantes, que deux œuvres où il se soit conformé à la loi des plans : *la Vicaria* et les *Convulsionnaires kabyles*. Sa main, rompue aux taches délicates et multiples qui rendent les mille facettes d'un objet, ne serait, je le crois, jamais redevenue assez inhabile, assez sobre, assez naïve, pour n'exprimer que les traits essentiels et les plans décoratifs. De plus, il est une autre condition importante de la grande peinture, qui ne me permet pas de croire que Fortuny eût abordé ce genre. Plus la toile est grande et vaste, plus le sujet, plus l'exécution doit se simplifier et l'effet se concentrer. Le drame, d'extérieur pour ainsi dire, doit devenir intérieur et ne se transmettre que par le jeu des physionomies, par la puissance ou l'harmonie du geste ; les accessoires ne doivent jouer qu'un rôle restreint, et la figure humaine doit tout primer, avec force, avec énergie, s'imposant aux yeux d'abord, puis à l'esprit et au cœur, au nom de la supériorité de l'être pensant qui occupe la première place dans la nature, devant qui tout disparait, et le paysage et la matière mise en œuvre, et l'architecture des fonds, et les objets même les plus splendides, les étoffes les plus vives et les tons les plus brillants.

L'influence de Fortuny a été réelle ; dans son genre il a été un chef d'école en ce sens qu'à sa suite on a vu surgir toute une pléiade d'habiles exécutants, mièvres, scintillants et dépourvus d'idées, qui ont trahi l'artiste et l'ont diminué ; ce n'est pas une vérité nouvelle que les disciples sont plus portés à exagérer les défauts du maitre qu'à lui emprunter ses qualités. Doué d'une main prodigieuse, Fortuny, sans le vouloir, avait créé l'École de la main. Sa science réelle, jointe à un charme incontestable que tout le monde a subi, son amour de la lumière, son culte pour le soleil, un je ne sais quoi d'inattendu dans le choix, dans l'idée et dans le rendu, ont fait sa renommée, et elle fut légitime. Mais autour de lui on crut bientôt qu'il suffisait d'affubler un modèle d'un costume aux vives couleurs et de le placer sur un fond plus ou moins approprié, pour constituer un tableau. Le temps, l'heure, l'époque, le pays, l'atmosphère spéciale à chaque milieu, l'âme des choses, en un mot, le *caractère* n'exista plus pour un certain nombre d'artistes sans critique, sans esprit, sans base, qui remplacèrent aussi la science du dessin par la prestidigitation du pinceau et la séduction de la tache, tandis que personne peut-être, parmi les plus autorisés et les plus incontestablement forts, n'a rendu le caractère du pays maure et les types comme Fortuny. Zamacois, lui, avait un esprit si piquant, si pénétrant, qu'un de ses tableaux, dont il aurait écrit le sujet, eût été presque aussi intéressant que le tableau lui-même ; mais un grand nombre d'autres, qui n'avaient ni cette pénétration ni cet acquis, n'empruntèrent à tous deux que leurs costumes et créèrent un art vide et plein d'imposture, contre lequel des hommes comme Bastien-Lepage, Roll, Gervex, et toute une nouvelle pléiade, ont bientôt réagi avec une grande violence. Ils avaient cru qu'il suffisait de rassembler dans une toile le plus grand nombre possible de brillantes défroques pour ressusciter une époque, mais n'étant pas convaincus eux-mêmes, ils n'arrivèrent point à nous convaincre ; et cet art de la main, qui avait un instant triomphé, est aujourd'hui délaissé et n'en impose plus à personne.

En art, il faut être docile et se laisser conduire comme par la main par celui qui parle ; s'il peut vous persuader, vous émouvoir et vous toucher, il ne faut pas discuter son émotion et se sentir heureux d'avoir pu l'éprouver. La variété du tempérament des artistes, leurs points de vue si différents, les facultés contraires dont ils sont doués, constituent justement la richesse de ce domaine de l'art. Est-ce qu'il n'y a pas, par exemple, un singulier contraste entre Mariano Fortuny, dont nous étudions ici la personnalité, et François Millet, auquel nous avons récemment consacré un travail de même nature [1] ?

Ce que Fortuny cherche avec tant de sollicitude, il semble que Millet l'ignore, l'évite ou le dédaigne ; les effets brillants, les jeux, les miroitements, les caprices de la lumière, ses mille petits effets épars observés par un œil curieux et sensible et rendus par une main d'une habileté sans seconde : tout cela disparaît dans un grand parti pris général. Détail de la forme et détail du ton, petites saillies invisibles des plis et replis, subdivisions du modelé, décomposition prismatique des couleurs, reflets inattendus patiemment constatés par un œil auquel rien n'échappe, le peintre de la nature ne veut rien voir, il cligne les yeux pour saisir l'effet général et les valeurs maîtresses, il simplifie, sacrifie, noie les détails dans de grands plans généraux qui sont comme la synthèse des choses et qui ne disent à nos yeux et à notre esprit que la phrase principale, le mot nécessaire, important, sans les distraire par mille petits propos qui sont ingénieux, mais qu'il regarde comme frivoles, parce qu'ils empêchent, trop souvent, de saisir la pensée principale et l'idée dominante.

1. *Bibliothèque d'art moderne. J. F. Millet,* par Ch. Yriarte. Paris, Librairie de l'Art, J. Rouam, éditeur. 1885.

L'art est donc multiple, chacun apporte l'expression de sa nature et s'y
manifeste tel que Dieu l'a créé. Celui-ci est dominé par une grande
émotion qu'il veut communiquer ou par une haute pensée qu'il s'efforce
de faire comprendre ; celui-là, sous le charme d'un enivrement produit
par des jeux de lumière, des scintillements, des contrastes ou des harmonies, essaye de les fixer comme il peindrait les taches d'un bouquet
éclatant : et involontairement, fatalement, tous deux s'incarnent dans
leur œuvre, elle nous dit clairement quelle était la profondeur de l'âme
de chacun, où la palette et le crayon prenaient leur inspiration.

L'un, véritable charmeur, plein de séductions, visait aux yeux et nous
éblouissait ; l'autre, simple, rustique, sans roueries ni maléfices, visait
au cœur et voulait nous toucher et nous convaincre.

AUTOGRAPHE DE FORTUNY.

BIBLIOGRAPHIE ET CATALOGUE

Fortuny, par Walther Fol. In-8°, 32 pages. Extrait de la *Gazette des Beaux-Arts*, mars et avril 1875.

Baron Davillier, *Fortuny, sa vie, son œuvre, sa correspondance, avec cinq dessins inédits en fac-similé et deux eaux-fortes originales.* Paris, Aubry, 1875, in-8°, 159 pages.

Atelier de Fortuny. Œuvre posthume, objets d'art et de curiosité, armes, faïences hispano-moresques, étoffes et broderies; bronzes orientaux, coffrets d'ivoire, etc., dont la vente aura lieu les 26 avril et jours suivants, à 2 heures, Hôtel Drouot, salles n⁰ˢ 8 et 9. Notices par MM. Édouard de Beaumont (armes), baron Davillier (faïences), A. Dupont-Auberville (étoffes). Paris, imp. Claye, 1875, in-8°, 146 pages.

ESSAI DE CATALOGUE DES TABLEAUX LES PLUS IMPORTANTS
DE FORTUNY

Prise des campements de Muley-el-Abbas et Muley-el Hamed. — Bataille de Tétuan.

Il existe plusieurs répétitions de cette œuvre : la grande toile non terminée, une seconde de plus petite dimension; la première pensée de la composition (qui a paru à la vente après décès), et enfin l'esquisse présentée à la Députation de Barcelone lors de la commande et qui, assez poussée, mesure 2ᵐ,35 de largeur sur une hauteur de 0ᵐ,58. Elle a figuré aussi dans la vente après décès.

Bateleurs kabyles.
Les *Barocchi.* — (Collection Stewart.)
Les *Barocchi* (variante). — (Ancienne collection Fol.)
Les *Bibliophiles.*
Le *Faust de Gounod* (intérieur d'atelier). — (Collection R. de Errazu.)
Une Posada à Grenade.
La *Vicaria, le Mariage espagnol.* — (Collection de Mᵐᵉ de Cassin.)
Le *Choix du modèle* (Académiciens de Saint-Luc). — (Collection Stewart.)
Répétition d'une pièce de théâtre dans un jardin (Jardin des Arcadiens). — (Collection Heeren.)

Les *Suppliciés* (Porte de la Justice à l'Alhambra). — (Collection Stewart.)
La *Halte des voyageurs*. — (Collection Stewart.)
L'*Arquebusier ivre*. — (Collection Stewart.)
La *Prière*. — (Collection Edmond de Rothschild.)
Une Cour de posada.
Villégiature.
L'*Armurier arabe.*
Fantasia au Maroc (Tanger).
Un Circassien. — (Collection Schwacher.)
Enfants jouant dans un salon japonais.
Le Rémouleur.
Boucherie arabe.
Jardin de Fortuny, à Grenade.
Basse-cour à l'Alhambra.
Le *Bord du chemin qui longe les fortifications de l'Alhambra.*
Porte du Salon des Ambassadeurs, à l'Alcazar de Séville.
Marocains jouant avec un vautour. — (Collection Gargollo.)
Maure de Tanger. — (Collection Stewart.)
Le *Vase de Chine.* — (Ancienne collection John Wilson.)
Les *Charmeurs de serpents.* — (Collection Édouard André.)
La *Plage de Portici.*
Le *Grand Salon du Palais Colonna, à Rome.* (Cette étude, très poussée, a servi
pour les fonds du tableau appartenant à M. Stewart : le *Choix du modèle.*)
*Sortie de la procession, par un temps de pluie, de l'église de Santa Cruz, à
Madrid.*
Porte de l'église de San Ginés, à Madrid.
Le *Brindis de la Spada* (cirque de Séville).
Porte du Salon des Ambassadeurs, à l'Alcazar de Séville.
La *Place des Toros, à Séville.*
L'*Escalier de la maison de Pilate.*
La *Salle des Abencerages, à l'Alhambra.*
Un Enlèvement à Grenade, le Mardi-Gras.
Une Fantasia arabe, à Grenade.
Bohémienne dansant dans un jardin ; Grenade.
Musiciens arabes devant un roi maure.
Après l'insurrection. (A M. Ferdinand Heilbuth.)

COPIES D'APRÈS LES MAITRES

Fortuny a copié, grandeur de l'original, un certain nombre de toiles qui sont
classées dans les collections.
Maria Luisa et deux de ses enfants, d'après le tableau de Goya, représentant la
famille de Charles IV, au musée de Madrid.
Saint André, d'après Ribera, au musée de Madrid.
Portrait de Bayeu, beau-père de Goya, d'après Goya, au musée de Madrid.

Ésope, grandeur de l'original, d'après Velazquez, au musée de Madrid.

Un Possédé, d'après Goya, musée de la Trinité, à Madrid.

Portrait de Julia de Valence, élève de Goya, d'après Goya. — Collection du duc de Montpensier, à Séville.

Portrait de Mocarte, chantre de la chapelle de Tolède, d'après le Goya de M. Candamo.

Un Prêtre disant la messe, d'après Goya.

TABLE DES GRAVURES

FIN DE LA TABLE DES GRAVURES.

Paris. — Imprimerie de l'Art. E. Ménard et J. Augry. 11, rue de la Victoire.